MIXED

MIXED

DIE NEUEN SMOOTHIES

Rezepte von Maren Jahnke und Karen Schulz
Mit Fotos von Wolfgang Kowall

Edition Fackelträger

PROGRAM
SPEED
bianco
di puro

INHALT

SMOOTHIES – SAMTIGER TRINKGENUSS

Im Grunde ist ein Smoothie nichts anderes als ein Püree aus Früchten und/oder Gemüse. Doch wer schon mal einen probiert hat, kennt den köstlichen Unterschied zwischen einem Saft oder Shake und dieser ganz eigenen Art von Getränk: es ist dickflüssig, samtig, cremig – eben „smooth", wie es die Engländer so treffend nennen.

Für das perfekte Smoothie-Ergebnis ist Frische ganz wichtig: Direkt aus dem Mixer wird ein Smoothie zu einem Erlebnis, an das gleichnamige Getränke aus dem Kühlregal nicht heranreichen. Das betrifft aber nicht nur den Trinkgenuss und das einmalige Mundgefühl, sondern auch den Nährstoffgehalt. Je frischer der Smoothie, desto mehr kann er für die Gesundheit leisten, einfach, weil gleich nach dem Pürieren auch leicht flüchtige Nährstoffe noch optimal enthalten sind.

Und dann ist da die weite Welt der Zutaten: Wer Smoothies selbst macht, wird begeistert sein von der großen Vielfalt an köstlichen Ergebnissen, die aus dem Mixer kommen können – nicht zu vergleichen mit der relativ eintönigen Bananen-Apfel-Mango-Auswahl, die es als Fertigprodukte gibt. Neben zahlreichen Frucht- und Gemüsesorten können noch viele weitere Leckereien in den selbst gemachten Smoothie wandern: Nüsse, Mandeln, Nussmuse, Gewürze, Trockenfrüchte, Körner, Samen und die hochgelobten Superfoods bieten sich an, um dem cremigen Getränk immer wieder einen neuen Dreh und Geschmack zu geben und den Körper mit einer großen Palette an Nährstoffen zu versorgen. Wir haben außerdem Rezepte mit Tee, Kaffee, Milch und Sahne auf pflanzlicher Basis, veganen Süßungsmitteln wie Kokosblütenzucker oder feinen Aromaauszügen wie Rosen- oder Orangenblütenwasser entwickelt und Smoothies damit auch mal zum spritzigen Cocktail für Gäste, zum wärmenden Abendgenuss im Winter oder erfrischenden Wachmacher werden lassen.

Unerlässlich für die Smoothie-Herstellung sind hochwertige Zutaten: Wir verwenden am liebsten Bioprodukte, und diese am besten aus der Region. Das ist sowohl für unsere Gesundheit als auch für die Umwelt gut, denn kurze Wege bedeuten weniger Treibstoffverbrauch und zugleich optimal gereifte Früchte und Gemüsesorten. Damit die Rezeptauswahl unter diesem Aspekt besonders leicht gelingt, haben wir die Smoothies nach Jahreszeiten sortiert. Sicher wird manches nicht die gesamte Jahreszeit zur Verfügung stehen, aber die

Kapitel können eine Orientierung geben, gerade bei Zutaten, die man eventuell selbst sammeln oder anbauen möchte. Wir verwenden in unseren Rezepten allerdings auch exotische Zutaten, die nicht bei uns wachsen und gedeihen. Da wollen wir gar nicht dogmatisch sein und uns den Genuss von Ananas, Vanille oder Banane nicht verderben lassen. Was aber bei uns wächst, darf einfach auch von hier seinen Weg in unsere Gläser finden.

Kein Smoothie ohne „Smoothie Maker" – ohne die technische Ausstattung kommt man nicht zum köstlichen Getränk. Je leistungsfähiger das pürierende Gerät, umso besser das Ergebnis. Für Einsteiger und zum Herantasten ist die Zubereitung mit einem Pürierstab eine gute Möglichkeit, um sich mit der bunten Welt der Smoothies vertraut zu machen. Bei vielen Rezepten gelangt man damit aber schon an die Leistungsgrenzen. Kraftvolle Standmixer sind gerade für die trendigen grünen Smoothies besonders hilfreich, weil erst mit hohen Umdrehungszahlen die harten Zellwände von grünem Gemüse wie z. B. von Kohl so fein zerkleinert werden, dass nicht nur das typisch smoothe Mundgefühl entsteht, sondern auch die Nährstoffe am besten freigesetzt werden. Wer zum Smoothie-Fan wird und die cremigen Getränke am liebsten täglich genießen möchte, wird sicherlich über kurz oder lang einen solchen Hochleistungsmixer anschaffen wollen. Wir empfehlen aber auch ohne Hightech-Ausstattung: Probieren Sie die köstlichen Getränke unbedingt aus und erleben Sie, wie sie die Gesundheit fördern und Ihnen zu mehr Energie verhelfen können!

Wir wünschen viel Genuss
Maren Jahnke und Karen Schulz

PERFEKTE SMOOTHIES

SMOOTHIES PERFEKT PÜRIEREN

So wie die Smoothie-Geräte variieren auch ihre Programme oder Einstellungen zum Zerkleinern und Pürieren. Damit Sie unabhängig davon, mit welchem Gerät Sie arbeiten, genauso glatt pürierte und köstlich-cremige Ergebnisse erzielen wie wir beim Testen, geben wir Ihnen hier eine Übersicht über die unterschiedliche Programmdauer unserer Zubereitungen.

Klassische Frucht-Smoothies

Für Frucht-Smoothies ist es in der Regel nicht nötig, die Zutaten allzu lange zu pürieren, weil sie meist recht weich und vor allem nicht sehr faserig sind. Etwa eine halbe Minute Pürieren auf höchster Stufe sollte für ein smoothes, cremiges Ergebnis sorgen. Dabei empfiehlt es sich grundsätzlich, das Pürieren auf niedriger Stufe zu starten und die Geschwindigkeit nach und nach zu steigern, damit das Gerät nicht wegen zu großer Fruchtstücke blockieren kann.

Werden nicht alle Zutaten von Anfang an von den Messern erfasst, sollte man zwischendurch ein- oder mehrmals eine kurze Pause einlegen. Dann verteilen sich die Zutaten im Mixbehälter besser und können nach und

nach zerkleinert werden. Am besten gelingt das Pürieren, wenn Sie die harten Zutaten (z. B. grob zerkleinerte Karotten oder Apfelviertel) zuerst in den Mixbehälter geben, Weiches obendrauf und die Flüssigkeit zuletzt angießen. Je nach Motorleistung des verwendeten Gerätes kann es sein, dass Kerngehäuse von Äpfeln und Co. oder Strünke wie bei der Ananas nicht komplett püriert werden. Diese dann beim nächsten Mal beim Vorbereiten der Früchte besser entfernen.

Bei einer kurzen Betriebsdauer von ca. 30 Sekunden wird der Smoothie noch nicht so stark erwärmt. Wer trotzdem ein eisgekühltes Ergebnis erzielen will, ersetzt einen Teil der Flüssigkeit im Rezept durch Eiswürfel oder in Würfeln eingefrorenen Fruchtsaft.

Grüne Smoothies

Für faserige Zutaten wie Salate, Spinat, Gräser, Kräuter oder Kohl ist eine deutlich längere Pürierdauer nötig, um die harten Blattbestandteile glatt und fein zu zerkleinern. Erst dadurch wird auch das darin befindliche Chlorophyll gut freigesetzt und steht damit für eine möglichst optimale Aufnahme im Körper zur Verfügung. Etwa eine bis eineinhalb Minuten brauchen unsere Rezepte für grüne Smoothies im Mixer. Gehen Sie dabei vor wie bei den Frucht-Smoothies beschrieben: Langsam starten und nach und nach bis zur höchsten Geschwindigkeit steigern. Anfänglich außerdem immer mal kurz unterbrechen, damit oben liegende Zutaten

nach unten sinken und von den Messern erfasst werden können. Sind alle Zutaten fein zerkleinert, lassen Sie den Mixer nochmal 20–30 Sekunden auf höchster Stufe weiterlaufen, um die gewünschte Cremigkeit des Smoothies zu erzielen (bitte vorher die Bedienungsanleitung Ihres Gerätes auf die maximale Laufzeit überprüfen und gegebenenfalls eine Pause einlegen, um den Motor nicht zu stark zu beanspruchen).

Durch diese längere Betriebsdauer entsteht deutlich mehr Reibungswärme, die auch den Smoothie erwärmen kann. Wer das nicht mag oder die Enzyme in den Zutaten schonen möchte, gibt vor der Zubereitung einige Eiswürfel aus Wasser oder Fruchtsaft dazu, die beim Pürieren mit zerkleinert werden und den Smoothie kühlen.

Nüsse und Co. mahlen

Manche Smoothies enthalten Nüsse, Mandeln, ganze Gewürze wie Vanille mit der Schote oder Körner bzw. Samen. Wenn diese bei der Smoothie-Zubereitung nicht ausreichend fein püriert werden, empfiehlt es sich, sie vorab trocken mit dem Pürierstab oder Standmixer zu mahlen. Anschließend mit den übrigen Zutaten des Rezeptes wie gewohnt zu Smoothie verarbeiten, damit sie den Trinkgenuss nicht in Form von groben Stückchen stören.

Gefrostete oder heiße Drinks

Für Iced Smoothies, die auch nach der Zubereitung noch schön frostig sein sollen, gilt: Nur so lange pürieren, bis alle Zutaten zerkleinert sind und sich wie gewünscht verbunden haben. Wenn das Gerät nicht leistungsfähig genug ist, um gefrorenes grob gewürfeltes Obst oder ganze größere Beeren kleinzukriegen, kann man sie vor dem Pürieren kurz antauen lassen – und beim nächsten Mal vor dem Einfrieren besser etwas kleiner schneiden. Eisdrinks sollten direkt nach der Zubereitung genossen werden, damit sie nicht weiter auftauen und ihren besonderen Kick verlieren.

Ähnliches gilt auch für Heißgetränke, in denen beispielsweise frisch gebrühter Tee oder andere heiße Flüssigkeiten zum Einsatz kommen: Die heiße Zutat am besten erst zum Schluss zugeben und den Smoothie dann sofort servieren, weil das Pürieren Einfluss auf die Temperatur nimmt und in diesem Fall den Drink bei der Zubereitung leicht abkühlt.

DIE BESTE NAHRUNG AUS DEN BESTEN ZUTATEN

Die Ergebnisse in den Rezepten variieren hinsichtlich der Mengen. Das liegt daran, dass wir von handelsüblichen Zutatenmengen bzw. durchschnittlich großen Früchten bzw. Gemüse ausgegangen sind. Bei jedem Rezept gibt es eine Angabe, mit wie viel Smoothie Sie in etwa rechnen können – wie groß das Glas ist, das Sie trinken möchten, entscheiden Sie selbst!

Wir kaufen unsere Zutaten in Bioqualität und finden, das macht Sinn: für die Umwelt, die Nachhaltigkeit und die eigene Gesundheit. Viele der ausgefalleneren Zutaten und auch Superfoods (s. S. 17) bekommen Sie oft nur im gut sortierten Bioladen oder Reformhaus, da sie den breiten Handel (noch) nicht erobert haben. Gerade bei Obst und Gemüse setzen wir neben der Bioqualität wenn möglich auf Produkte, die Saison haben und aus der Region stammen – sie müssen nicht lange transportiert werden, können also möglichst reif geerntet und verzehrt werden und liefern so die größtmögliche Menge an Vitalstoffen. Natürlich lässt sich auch mancher Sommer-Smoothie im Winter zubereiten und umgekehrt, das entscheiden Sie. Die Wahrscheinlichkeit, dass bestimmte Frucht- und Gemüsesorten frisch und regional verfügbar sind, ist jedoch höher, wenn Sie sich an den Jahreszeiten der Kapitel orientieren – und damit entsprechen Sie auch den saisonalen Nährstoffanforderungen Ihres Körpers am besten.

Damit alles optimal frisch verarbeitet wird, gehen Sie zeitnah einkaufen und besorgen Sie die Zutaten in kleinen Mengen – auch damit versorgen Sie sich und Ihre Lieben mit der besten Qualität und reichlich Natur-Power.

So sweet

Bei Smoothies scheiden sich die Geister oft beim Thema Süße: Während den einen der fruchteigene Zucker im Getränk völlig ausreicht, um es ganz genießen zu können, verziehen andere Menschen das Gesicht und greifen nach der Zuckerdose, bevor sie weitertrinken. Es gibt allerdings eine Vielzahl von Süßungsmitteln, die herkömmlichem Haushaltszucker gesundheitlich überlegen sind und die außerdem gut in die Smoothies passen. Wir haben eine ganze Reihe in unseren Rezepten mit verarbeitet:

DICKSÄFTE werden aus Pflanzen oder Früchten gewonnen, sind sirupartig und verbinden sich dadurch gut mit den übrigen Zutaten. Agavendicksaft ist geschmacksneutral, Apfeldicksaft hat ein intensives Aroma, Birnendicksaft ist milder.

KOKOSBLÜTENZUCKER wird von Kokospalmen gewonnen und ist nachhaltig, da dafür die Pflanze nicht sterben muss. Er ähnelt braunem Zucker, schmeckt aber feiner und aromatisch, liefert viele Mineralstoffe, weniger Kalorien als herkömmlicher Zucker und wird vom Körper langsamer resorbiert, lässt also den Blutzuckerspiegel langsamer ansteigen.

TROCKENFRÜCHTE sind ebenfalls eine gute Süßungsalternative, geben Energie und liefern zusätzliche Nähr- und Vitalstoffe. Achten Sie beim Einkauf auf hohe Qualität und verwenden Sie am besten ungeschwefelte Früchte – Schwefel wird meist zum Erhalt der Farbe und für die Haltbarkeit beigesetzt, kann aber bei empfindlichen Menschen Beschwerden auslösen und einen Teil der wertvollen Inhaltsstoffe der Früchte zerstören.

In jedem Fall gilt: Bevor jemand den Smoothie stehen lässt, weil er ihn zu wenig süß findet, lieber etwas Süße, im Zweifelsfall auch Zucker, zufügen.

Tipps zur Vorbereitung

Generell sollten alle verwendeten Früchte und Gemüsesorten vorher gewaschen werden. Wenn Sie Gemüse und Früchte aus konventionellem Anbau verwenden, sollten Sie diese gründlich waschen bzw. besser schälen.

Wenn Sie einen leistungsfähigen Standmixer haben, können Sie sich so manche „Putzarbeiten" bei Obst und Gemüse in Bioqualität ersparen – vieles kann einfach mitpüriert werden und trägt zum Nährstoffreichtum des Ergebnisses bei. Probieren Sie mit Ihrem Gerät aus, welche Gemüse- oder Gewürzbestandteile es kleinbekommt, sodass das Getränk schön smooth wird. Smoothies, die mit einem Pürierstab oder schwächeren Mixer zubereitet werden, können evtl. nicht so glatt werden, wenn Sie die folgenden Tipps befolgen. Dann entsprechend beim nächsten Mal lieber holzige Strünke, Stiele oder Kerngehäuse vor dem Pürieren entfernen.

Harte Gemüse und Früchte vor der Verarbeitung grob würfeln, **weiche** können ganz bleiben bzw. werden nur so weit zerkleinert, dass sie in den Mixbehälter passen.

Strünke von Kohl, Mangold, Fenchel etc. können Sie entfernen, da sie oft eine scharfe oder bittere Note haben. Wen das nicht stört, verarbeitet sie mit.

Ananas sollten geschält werden, der harte Strunk in der Fruchtmitte kann mitverarbeitet werden.

Von **Äpfeln und Birnen** einfach nur Stiel sowie den gegenüberliegenden Blütenansatz entfernen. Würfeln Sie die Früchte samt Kerngehäuse grob, damit sie sich leichter zerkleinern lassen.

Kräuter und Blattgrün verlesen, waschen und abtropfen lassen, mit Stielen weiterverarbeiten.

Rote Bete und Kohlrabi vor der Verarbeitung schälen. **Karotten,** insbesondere **junge,** evtl. nur gründlich waschen. **Blattgrün** der Gemüsesorten für grüne Smoothies verwenden, dann gut waschen, weil es oft recht erdig ist.

Mangos, Papayas, Avocados, Kiwis und Bananen vor der Verarbeitung schälen und je nach Sorte auch entkernen.

Pfirsiche, Aprikosen, Nektarinen, Kirschen oder Pflaumen vor dem Pürieren entsteinen, da die Steine schädliche Blausäure enthalten können.

Granatäpfel vor Verwendung schälen, außerdem die weißen Trennhäutchen zwischen den Kernen entfernen. Die äußere Schale von **Zitrusfrüchten** sollte entfernt werden. Testen Sie, ob Ihr Gerät die Trennhäute, die Kerne und die weiße Innenschale mitpüriert – in ihnen befindet sich ein Teil der wertvollen Pflanzenstoffe wie z. B. Flavonoide. Wenn diese Fruchtteile nicht glatt vermixt werden, filetieren Sie Zitrusfrüchte vor dem Pürieren und entfernen Sie die Kerne gegebenenfalls.

Nüsse und Mandeln werden geschält verwendet, es ist aber nicht nötig, vor der Verarbeitung die braunen Innenhäutchen z. B. bei Hasel-, Paranüssen oder Mandeln zu entfernen.

Gewürze wie Vanilleschote oder Sternanis können im Hochleistungsmixer im Ganzen mitpüriert werden. Bei anderen Geräten lieber das Mark vorab auskratzen oder das Gewürz im Mörser zerstoßen. Vorsicht bei Muskatnuss oder Tonkabohne, sie wirken in größeren Mengen toxisch, daher nur sehr kleine Stücke mitpürieren oder eine Prise auf der Muskatreibe reiben und zufügen.

Tipps zur Verfügbarkeit

Es sind manchmal auch in der passenden Saison nicht alle Frucht- und Gemüsesorten, Blattsalate, Kräuter und vor allem Wildkräuter verfügbar. Sie können natürlich trotzdem die jeweiligen Rezepte verwenden: Tauschen

Sie einfach Zutaten, die Sie nicht bekommen, gegen etwas Vergleichbares aus, was der Markt frisch bietet – also z. B. Wildkräuter gegen Zuchtkräuter im Topf, einen bestimmten Salat gegen eine Salatmischung, Wasser- gegen Zuckermelone etc.

Wildkräuter, Blüten, Knospen gibt es im Handel nur selten oder gar nicht, diese Zutaten sollten Sie also selbst sammeln. Achten Sie darauf, dass die Pflanzen nicht an viel befahrenen Straßen oder in der Nähe von anderen Abgasquellen wachsen. Sammeln Sie außerdem immer nur so viel, wie Sie wirklich benötigen – die Pflanzen brauchen gerade Blüten und Knospen, um sich fortzupflanzen, und vielleicht sind Sie nicht die Einzigen, die hier für Smoothies auf Zutaten-Fang gehen.

Flüssigkeit

Damit die Smoothies nicht allzu dickflüssig werden, geben wir bei der Zubereitung entweder Wasser oder Saft hinzu. Achten Sie auch hier auf gute Qualität: Leitungswasser wird mit einem Wasserfilter reiner und damit gesünder oder Sie verwenden ein stilles Mineralwasser aus dem Handel. Säfte kaufen Sie am besten ebenfalls in Bioqualität, oder Sie entsaften frische Früchte vor der Zubereitung.

Wir haben in den Rezepten immer möglichst kleine Mengen Flüssigkeit zugefügt, um die Smoothies nicht zu verwässern. Natürlich können Sie die Mengen variieren und mehr Flüssigkeit verwenden, wenn Ihnen die Ergebnisse nicht trinkbar genug sind.

Haltbarkeit

Generell enthalten Smoothies direkt nach dem Pürieren die größte Menge an Vitalstoffen. Durch Kontakt mit der Luft oxidieren diese und gehen nach und nach verloren. Da sich Smoothies so unkompliziert und schnell zubereiten lassen, ist es also am besten, sie vor dem Verzehr frisch zu produzieren. Wer aber tagsüber z. B. bei der Arbeit nicht auf den grünen Kick verzichten möchte, kann den Smoothie auch sofort nach der Herstellung in einen möglichst lichtundurchlässigen Transportbehälter mit dicht schließendem Deckel füllen und gut gekühlt mitnehmen oder gut verschlossen als Extraportion für abends in den Kühlschrank stellen. Manche Smoothies verändern durch längeres Stehen aber auch Geschmack oder Konsistenz – wo sich das Stehenlassen nicht anbietet und der Smoothie sofort getrunken werden sollte, haben wir das im Rezept vermerkt.

Langsam starten

Anders als viele Getränke enthalten Smoothies alle Ballaststoffe der Zutaten. Daher sollte man mit ihnen eine Mahlzeit – typischerweise das Frühstück – am besten ersetzen und nicht nur ergänzen, denn sie machen ordentlich satt und liefern auch ausreichend Kalorien, um den Körper morgens in Schwung zu bringen. Die Zufuhr an Ballaststoffen ist für Menschen, die sich bisher eher herkömmlich ernähren, anfangs ungewohnt und kann sich auf die Verdauung auswirken, die oft mit Blähungen reagiert. Daher empfehlen wir, den Smoothie-Genuss in Maßen zu starten und am besten erst mal nur einen pro Tag zu genießen und ihn langsam und in kleinen Schlucken zu trinken. Wenn der Körper signalisiert, dass er sich daran gewöhnt hat, kann die Menge nach Wunsch gesteigert werden und Sie können sich ganz unbelastet über die positiven Auswirkungen auf den Körper und Ihre Energie freuen, die Smoothies Ihnen liefern können.

SUPERFOODS

Als „Superfoods" werden Lebensmittel bezeichnet, die wertvolle Nährstoffe in hoher Konzentration enthalten, so dass schon eine kleine Menge davon einen zusätzlichen Vital-Schub bedeutet. Man bekommt diese Superfoods am besten im Bioladen, Reformhaus oder bestellt sie über das Internet. Viele Superfoods werden aus exotischen Pflanzen, Wurzeln und Früchten gewonnen und stammen aus allen Winkeln der Welt. Damit sie ihre wertvollen Inhaltsstoffe auf dem Transport zu uns nicht verlieren, werden sie oft vor Ort nach der Ernte verarbeitet und getrocknet in Pulverform, als Samen, Saaten oder Pasten verkauft.

Beachten Sie bei der Verwendung, dass die meisten Superfoods nur in kleinen Mengen zugefügt werden sollten, um den täglichen Bedarf zu decken – und aus ebendiesem Grund natürlich auch problemlos entfallen können, ohne das Gelingen der Smoothies zu beeinträchtigen. Wer Wert auf Regionalität legt: Für manche der exotischen „Vitalstoff-Bomben" gibt es Entsprechungen, die auch bei uns wachsen und gedeihen wie z. B. die Heidelbeere oder Sanddorn. Andere Superfoods sind hingegen einzigartig und damit bei Interesse durchaus einen Versuch wert, wenn man den oft schwindenden Nährstoffgehalt von konventionellen Lebensmitteln ausgleichen möchte.

Wir haben sie zur Aufwertung der Smoothies zum Ende in den Mixbehälter gegeben und empfehlen, jeweils nur ein Superfood pro Rezept zu verwenden und sie lieber von Zubereitung zu Zubereitung zu variieren, weil der Körper sonst das Überangebot aus Nährstoffen eventuell gar nicht verwerten kann. Hier eine Übersicht über die Superfoods, die wir in unseren Rezepten verwendet haben:

MORINGA: Der „Meerrettichbaum" (Moringa oleifera) wird in seiner Heimat Indien auch als „Baum des Lebens" bezeichnet und für seine Gesundheitswirkung geschätzt. Das grüne, leicht scharf und bitter schmeckende Pulver, das aus seinen Blättern gewonnen wird, liefert essenzielle Aminosäuren und reichlich Vitalstoffe von Vitaminen über Mineralien bis hin zu einer großen Zahl an Antioxidanzien, die das Immunsystem schützen und u. a. Krebserkrankungen vorbeugen sollen.

ACAI: Die dunkelblaue bis schwarze Beere der Acaipalme stammt aus dem Amazonasgebiet und enthält reichlich Antioxidanzien, außerdem Eisen, Kalzium, Kalium und Ballaststoffe. Sie kommt gemahlen als Pulver, in Fruchtriegeln und -pasten oder getrocknet in den Handel und schmeckt säuerlich.

Tipp: Auch die heimischen **HEIDELBEEREN** liefern dank ihres typisch blauen Farbstoffes ähnlich viele Antioxidanzien und machen sie zu einer gesunden Zutat für Smoothies und Co.

CHIA: Die Samen der Chiapflanze, die aus Mittel- und Südamerika stammt, schmecken recht neutral, sind aber eine gute Proteinquelle. Mit Flüssigkeit gemischt, vergrößern sie ihr Volumen stark und bilden eine Art Gel, dadurch sind sie eine gute vegane Alternative für Gelatine etc. in Desserts oder Kuchen und fördern die Verdauung. Pur sollten sie nur in kleinen Mengen mit ausreichend Flüssigkeit oder vorgequollen verzehrt werden. Chiasamen liefern hochwertige Proteine, viele Mineralstoffe, Antioxidanzien und wertvolle Omega-3-Fettsäuren.

SPIRULINA: Die Mikroalge ist eigentlich ein Bakterium und liefert viel Protein, alle essenziellen Aminosäuren, außerdem reichlich Chlorophyll, Antioxidanzien, Vitamine A und K sowie Eisen. Das dunkelgrüne Pulver bereichert Smoothies und verleiht ihnen eine besonders intensive Grünfärbung.

CAROBPULVER: Stammt vom Johannisbrotbaum und wird aus dem gemahlenen Fruchtfleisch der Johannisbrotfrüchte hergestellt. Der leicht karamellige und fruchtige Geschmack erinnert an Kakao, Carob liefert aber deutlich weniger Fett. Es enthält die Vitamine A und B, Eisen und Kalzium. Man kann damit Smoothies, Kuchen und Desserts süßen und es wie Kakao in (Getreide-)Milch anrühren.

BAOBAB: Wird aus den Früchten des Baobab-Baums, der „Brotfrucht", gewonnen und meist als Pulver verkauft. Es enthält Vitamine, Mineralien und Ballaststoffe und verleiht Smoothies mit seinem typischen Geschmack eine leicht säuerliche Note.

MACA: Die etwa radieschengroßen Knollen stammen aus Peru und sind dort schon seit Jahrtausenden bekannt. Sie kommen meist als Pulver zu uns und schmecken leicht süßlich, etwas karamellig und erdig, sie eignen sich für süße und herzhafte Gerichte. Maca liefert essenzielle Aminosäuren, Vitamine, Mineralstoffe und Antioxidanzien und soll die körperliche Energie und Libido steigern.

WEIZEN- UND GERSTENGRAS: Sind reich an Mineralstoffen, Vitaminen, Enzymen, Aminosäuren und Antioxidanzien. Ihr hoher Anteil an Chlorophyll, das für die intensiv grüne Färbung sorgt, hilft im Körper bei der Produktion von Hämoglobin, dem „Blutfarbstoff", und kann damit die Sauerstoffversorgung im Blut verbessern. Die frischen Gräser, die es oft im Bioladen gibt, können direkt im grünen Smoothie verarbeitet werden; wer sie so nicht im Handel findet, greift auf Pulver zurück.

ERDMANDELN: Die „Chufas", wie Erdmandeln auch genannt werden, sind die unterirdischen Knollen des Erdmandelgrases und werden u. a. in Südeuropa angebaut. Sie liefern reichlich Ballaststoffe, sind damit gut für die Verdauung und machen satt. Außerdem bieten sie eine Reihe von Mineralstoffen und Vitaminen wie Magnesium und Biotin. Erdmandeln haben ein köstlich nussiges Aroma und schmecken in Desserts, im Müsli, im Smoothie und in herzhaften Gerichten.

SANDDORN: Die knallorangen Beeren werden u. a. in Norddeutschland geerntet und punkten mit einem sehr hohen Vitamin-C-Gehalt. Außerdem liefern sie reichlich wertvolles Beta-Karotin und Gerbstoffe. Sanddornmark, -mus oder -saft bekommt man im Reformhaus oder Bioladen.

MATCHA: Ein besonderer Grüntee, für den feine Teeblätter getrocknet und zu Pulver vermahlen werden und der mild bis feinherb schmeckt. Er enthält reichlich Vitamine sowie Carotine und Catechine, zwei Gruppen der sekundären Pflanzenwirkstoffe, die u. a. zellschützende Wirkung haben.

ALOE VERA: Der gelartige Kern der grünen Blätter liefert eine wahre Flut an Vitalstoffen, darunter viele Mineralien und Vitamine, außerdem ist das Gel reich an Aminosäuren, Enzymen, Antioxidanzien und Polysacchariden, die u. a. immunstärkende Wirkung haben. Übrigens: Bei kleinen Hautverletzungen kann das Gel auch äußerlich aufgetragen werden.

FRÜHLING

SMOOTH SMOOTHIE

Für 1100–1500 ml

---

125 g junger Spinat .... ½ Topf Gerstengras (ca. 30 g) .... 1 Avocado (ca. 200 g)
1 Mango (ca. 425 g) .... 1–2 TL Baobabpulver .... 500–900 ml Wasser

---

Spinat und Gerstengras verlesen, waschen und abtropfen lassen. Avocado halbieren, Kern entfernen und Fruchtfleisch aus der Schale lösen. Mango schälen, Fruchtfleisch vom Stein schneiden und grob zerteilen.

Alle vorbereiteten Zutaten nacheinander in den Mixbehälter geben. Baobabpulver zugeben, Wasser angießen und etwa 1 ½ Minuten glatt pürieren.

LÖWENZAHN-GURKEN-SMOOTHIE MIT ZITRONENGRAS

Für 900–1000 ml

---

1 große Banane .... 200–250 g Löwenzahn .... 1 Gurke (ca. 300 g)
1 Stange Zitronengras .... 200–300 ml Apfelsaft oder Wasser

---

Banane schälen. Löwenzahn verlesen, waschen, abtropfen lassen und grob zerschneiden. Gurke waschen und in Stücke schneiden. Zitronengras putzen, faserige Außenblätter entfernen und weiches Innere in Stücke schneiden.

Alle vorbereiteten Zutaten nacheinander in den Mixbehälter geben, Apfelsaft oder Wasser angießen und etwa 1 ½ Minuten glatt pürieren.

SOUR POWER

Für ca. 700 ml

125 g Feldsalat .... 4 Kiwis (ca. 240 g)
2 Bund Petersilie (ca. 40 g) .... 2 TL Baobabpulver .... ca. 200 ml Wasser

Feldsalat putzen, waschen und abtropfen lassen. Kiwis schälen. Petersilie waschen und abtropfen lassen.

Alle vorbereiteten Zutaten nacheinander in den Mixbehälter geben. Baobabpulver und Wasser zugeben und etwa 1 ½ Minuten glatt pürieren.

KRÄUTER-SMOOTHIE MIT APFEL

Für ca. 750 ml

125 g gemischte Wildkräuter (ersatzweise Baby-Leaf-Salat) .... 1 Apfel
15 g Ingwer .... 30 g Mandeln .... ca. 400 ml Wasser

Wildkräuter verlesen, gründlich waschen und abtropfen lassen. Apfel waschen, vierteln, Stiel und Blütenansatz entfernen. Ingwer schälen.

Alle vorbereiteten Zutaten mit Mandeln und Wasser in den Mixbehälter geben und etwa 1 ½ Minuten glatt pürieren.

SPINAT-GRAPEFRUIT-SMOOTHIE MIT MÖHRENGRÜN UND PAPAYA

Für 1000–1250 ml

---

1 rosa Grapefruit .... 1 kleine Papaya (ca. 375 g) .... 50 g Möhrengrün
100 g junger Spinat .... 3 TL Chiasamen .... 250–500 ml Wasser

---

Grapefruit schälen und vierteln. Papaya halbieren, entkernen und schälen. Möhrengrün und Spinat verlesen, gründlich waschen und abtropfen lassen.

Alle vorbereiteten Zutaten nacheinander mit den Chiasamen in den Mixbehälter geben und Wasser zufügen. Etwa 1 ½ Minuten glatt pürieren.

GREEN VALLEY

Für 750–1000 ml

---

100 g gemischtes Kohlrabi- und Radieschengrün .... 1 Bund Minze (ca. 15 g)
1 kleines Kästchen Radieschenkresse .... 1 kleines Kästchen Rettichkresse .... 2 Birnen
1 TL Baobabpulver .... 250–500 ml Wasser

Kohlrabi- und Radieschengrün verlesen, gründlich waschen und abtropfen lassen. Minze waschen. Kresseblättchen mit einer Schere abschneiden. Birnen waschen, vierteln, Stiele und Blütenansätze entfernen.

Alle vorbereiteten Zutaten in den Mixbehälter geben. Baobabpulver und Wasser zufügen und etwa 1 ½ Minuten glatt pürieren.

PORTULAK-SELLERIE-SMOOTHIE MIT KARDAMOM

Für ca. 900 ml

200 g Staudensellerie .... 300 g grüne Weintrauben .... 100 g Portulak
2 Kardamomkapseln .... 2 TL Moringapulver .... ca. 150 ml Wasser

Sellerie putzen, waschen und grob zerschneiden. Trauben waschen und von den Stielen zupfen. Portulak verlesen, waschen und abtropfen lassen.

Alle vorbereiteten Zutaten nacheinander mit Kardamom und Moringapulver in den Mixbehälter geben. Wasser angießen und etwa 1 ½ Minuten glatt pürieren.

SPITZKOHL-SMOOTHIE

Für ca. 550 ml

---

100 g Spitzkohl .... 1 Apfel .... ½ Banane .... 4 getrocknete Aprikosen (ca. 30 g)
ca. 250 ml Wasser .... ½ TL Moringapulver

Spitzkohl putzen, waschen und grob zerkleinern. Apfel waschen, vierteln, Stiel und Blütenansatz entfernen. Banane schälen.

Alle vorbereiteten Zutaten nacheinander in den Mixbehälter geben. Getrocknete Aprikosen und Wasser zufügen und etwa 1 ½ Minuten glatt pürieren. Zum Schluss Moringapulver zugeben und kurz mitpürieren.

PASSION SMOOTHIE

Für ca. 600 ml

1 große Banane .... 250 g Erdbeeren
4 Passionsfrüchte .... 75 ml frisch gepresster Orangensaft

Banane schälen. Erdbeeren putzen und waschen. Passionsfrüchte halbieren. Fruchtfleisch mit einem Teelöffel herauslösen.

Alle vorbereiteten Zutaten mit dem Orangensaft in den Mixbehälter geben und etwa 30 Sekunden glatt pürieren.

KAROTTEN-CANTALOUPE-SMOOTHIE

Für ca. 900 ml

250 g Karotten .... ½ Cantaloupe-Melone (ca. 500 g) ....2 Orangen .... 10 g Ingwer
ca. 300 ml Wasser .... 20 g Sultaninen .... 1 TL Leinöl .... 1 TL Macapulver

Karotten putzen, gründlich waschen und in kleinere Stücke schneiden. Melone schälen, entkernen und in grobe Stücke schneiden. Orangen und Ingwer schälen. Karotten in den Mixbehälter geben, Wasser angießen.

Dann die restlichen vorbereiteten Zutaten, Sultaninen, Leinöl und Macapulver zugeben und etwa 1 Minute glatt pürieren.

PINEAPPLE CHILI SMOOTHIE

Für ca. 800 ml

---

650 g Ananas .... 2 Orangen .... ½-1 Chilischote
50 g Sultaninen .... 2 Msp. mildes Currypulver .... ca. 200 ml Wasser

---

Ananas schälen, Fruchtfleisch in grobe Stücke schneiden (ergibt ca. 400 g). Orangen schälen. Chilischote waschen und entkernen.

Alle vorbereiteten Zutaten in den Mixbehälter geben. Sultaninen, Currypulver und Wasser zugeben und etwa 30 Sekunden glatt pürieren.

KERBEL-SMOOTHIE MIT ERDBEEREN

Für ca. 750 ml

---

400 g Erdbeeren .... 1 Zitrone .... 1 großes Bund Kerbel (ca. 30 g)
100 g Kopfsalat .... ca. 100 ml Wasser .... Agavendicksaft nach Belieben

---

Erdbeeren waschen und putzen. Zitrone schälen, halbieren. Kerbel und Salat verlesen, waschen und abtropfen lassen.

Alle vorbereiteten Zutaten in den Mixbehälter geben, Wasser angießen und etwa 30 Sekunden glatt pürieren. Nach Belieben mit etwas Dicksaft abschmecken.

AVOCADO-GURKEN-DRINK

Für ca. 500 ml

½ Avocado .... 150 g Gurke .... 30 g Sauerampfer
250 ml Sojamilch .... 2 TL Zitronensaft .... einige Eiswürfel nach Belieben
1 TL schwarzer Sesam

Avocadohälfte schälen, entkernen und grob zerteilen. Gurke gründlich waschen und grob würfeln. Sauerampfer waschen, grob hacken. Alle vorbereiteten Zutaten in den Mixbehälter geben.

Sojamilch und Zitronensaft zugeben und etwa 30 Sekunden glatt pürieren. Dabei evtl. einige Eiswürfel zugeben. Mit Sesam bestreut servieren.

GEEISTER ERDBEER-SMOOTHIE MIT WALDMEISTER

Für ca. 900 ml

---

300 g Erdbeeren .... 500 ml Kokosnussdrink .... 3 EL Waldmeistersirup

---

Erdbeeren putzen und nebeneinander auf einem Brett tiefkühlen.

Gefrorene Erdbeeren mit Kokosnussdrink und Waldmeistersirup in den Mixbehälter geben. Etwa 1 Minute glatt pürieren und sofort servieren.

HEISSER MANGO-TEE-DRINK

Für ca. 750 ml

---

1 Beutel weißer Tee .... 1 große reife Mango (ca. 500 g) .... ¼ Vanilleschote
Saft von ½ Limette .... 100 ml Kokoswasser

Weißen Tee mit 250 ml kochendem Wasser überbrühen und 2 Minuten ziehen lassen.
Mango schälen, Fruchtfleisch vom Stein schneiden und grob zerteilen.
Mit Vanilleschote, Limettensaft und Kokoswasser in den Mixbehälter geben
und etwa 30 Sekunden glatt pürieren.

Heißen Tee zugießen und nochmals 10 Sekunden auf
höchster Stufe pürieren. Sofort servieren.

SOMMER

MANGOLD-BANANEN-SMOOTHIE MIT SPIRULINA

Für ca. 850 ml

---

300 g roter Mangold .... 3 Mandarinen (ca. 400 g) .... 1 große Banane
1 TL Spirulinapulver .... ca. 200 ml Wasser

Mangold putzen, den harten Strunk herausschneiden. Mangold waschen, abtropfen lassen und in grobe Stücke schneiden. Mandarinen und Banane schälen.

Alle vorbereiteten Zutaten nacheinander mit Spirulina in den Mixbehälter geben. Wasser zufügen und etwa 1 ½ Minuten glatt pürieren.

YELLOW DELIGHT
APRIKOSEN-PAPRIKA-SMOOTHIE

Für ca. 700 ml

---

1 gelbe Paprika .... 200 g reife Aprikosen .... 40 g Mandeln
¼ Tonkabohne .... ca. 150 ml Wasser .... Agavendicksaft nach Belieben

---

Paprika putzen, entkernen, waschen und grob zerteilen. Aprikosen waschen, halbieren und entsteinen. Beides mit Mandeln und Tonkabohne in den Mixbehälter geben und Wasser angießen.

Etwa 1 ½ Minuten glatt pürieren und nach Belieben mit etwas Agavendicksaft abschmecken, dann nochmals kurz durchpürieren.

STACHELBEER-MATCHA-SMOOTHIE

Für ca. 750 ml

---

100 g Stachelbeeren .... 1 Banane .... 225 g Chinakohl .... 30 g grüner Salat (z. B. Eichblatt)
ca. 150 ml Wasser .... 1–2 TL Matchapulver .... Agavendicksaft nach Belieben

---

Stachelbeeren verlesen und waschen. Banane schälen. Chinakohl und Salat putzen, waschen und grob zerkleinern.

Alle vorbereiteten Zutaten in den Mixbehälter geben. Wasser angießen und etwa 1 ½ Minuten glatt pürieren. Zum Schluss Matchapulver zufügen und kurz untermixen. Smoothie nach Belieben mit Agavendicksaft abschmecken.

TOMATEN-MELONEN-SMOOTHIE

Für ca. 750 ml

---

2 Tomaten (ca. 180 g) .... 400 g Zuckermelone (z. B. Galia) .... 30 g getrocknete Datteln ohne Stein
2 EL Haferflocken .... ca. 250 ml Wasser .... 3–4 EL Limettensaft
Fleur de Sel .... Cayennepfeffer .... evtl. 1 TL Baobabpulver

---

Tomaten waschen und halbieren, die Blütenansätze herausschneiden. Melone schälen, entkernen und grob würfeln. Beides mit Datteln und Haferflocken in den Mixbehälter geben.

Wasser angießen, 3 EL Limettensaft zugeben und etwa 30 Sekunden glatt pürieren. Mit wenig Fleur de Sel, Cayennepfeffer und evtl. noch etwas Limettensaft abschmecken. Nach Belieben Baobabpulver zugeben und nochmals kurz pürieren.

ERBSEN-SMOOTHIE MIT ANIS

Für ca. 600 ml

---

400 g Erbsenschoten .... 80 g Römersalat .... 1 großer Apfel (ca. 180 g)
300 ml frisch gepresster Orangensaft .... ½–1 TL Anissamen

---

Erbsen aus den Schoten lösen (ergibt ca. 130 g). Salat putzen, waschen und grob zerschneiden. Apfel waschen, vierteln, Stiel und Blütenansatz entfernen.

Alle vorbereiteten Zutaten nacheinander in den Mixbehälter geben. Orangensaft angießen, Anissamen zufügen. Etwa 1 ½ Minuten glatt pürieren. Evtl. etwas Wasser zufügen, falls der Smoothie zu dickflüssig ist.

SCHWARZE-JOHANNISBEER-SMOOTHIE MIT ENDIVIE

Für ca. 650 ml

---

200 g Schwarze Johannisbeeren .... 1 Bund oder Topf Thai-Basilikum
100 g Endiviensalat .... ca. 150 ml Wasser .... Apfeldicksaft nach Belieben

---

Johannisbeeren waschen und von den Stielen zupfen. Thai-Basilikum und Salat verlesen und waschen.

Alle vorbereiteten Zutaten in den Mixbehälter geben, Wasser angießen und etwa 1 ½ Minuten glatt pürieren. Nach Geschmack mit Apfeldicksaft süßen, dann nochmals kurz durchpürieren.

1

FENCHEL-BASILIKUM-SMOOTHIE MIT PINIENKERNEN

Für ca. 1000 ml

---

1 große Fenchelknolle (ca. 300 g) .... 2 Äpfel
1 großes Bund Basilikum .... 30 g Pinienkerne .... ca. 350 ml Wasser

---

Fenchel putzen, waschen, halbieren und den Strunk entfernen.
Äpfel waschen, vierteln, Stiel und Blütenansatz entfernen. Basilikum waschen und abtropfen lassen.

Alle vorbereiteten Zutaten mit den Pinienkernen in den Mixbehälter geben,
Wasser angießen und etwa 1 ½ Minuten glatt pürieren.

SALATMIX-SMOOTHIE

Für ca. 750 ml

---

50 g Eichblattsalat .... 50 g Eisbergsalat .... 150 g Kohlrabi
30 g Kohlrabigrün .... 1 Apfel .... 20 g Sonnenblumenkerne .... 2 TL Zitronensaft
ca. 250 ml Wasser

Salate putzen, verlesen, waschen und grob zerzupfen. Kohlrabi schälen und grob würfeln. Kohlrabigrün waschen, harte Stiele herausschneiden. Apfel waschen, vierteln, Stiel und Blütenansatz entfernen.

Alle vorbereiteten Zutaten nacheinander in den Mixbehälter geben. Sonnenblumenkerne, Zitronensaft und Wasser zugeben und etwa 1 ½ Minuten glatt pürieren.

HIMBEER-GRANATAPFEL-SMOOTHIE

Für ca. 750 ml

250 g Himbeeren .... 1 große Banane .... 1 Granatapfel (ca. 300 g)
½–1 TL Rosenwasser .... 1 EL Apfeldicksaft .... ca. 100 ml Wasser

Himbeeren verlesen. Banane schälen und in grobe Stücke schneiden. Granatapfel vierteln und die Kerne herauslösen, weiße Zwischenhäute entfernen (Vorsicht, es spritzt).

Alle vorbereiteten Zutaten nacheinander mit Rosenwasser und Dicksaft in den Mixbehälter geben. Wasser angießen und etwa 30 Sekunden glatt pürieren.

MELONEN-SMOOTHIE

Für ca. 1000 ml

1,2 kg kernlose Wassermelone .... 3 Orangen
4 EL ungeschälter Sesam .... 2 EL Orangenblütenwasser nach Belieben

Melone schälen und in grobe Stücke schneiden. Orangen ebenfalls schälen. Melone und Orangen in den Mixbehälter geben. Sesam und nach Belieben Orangenblütenwasser zufügen und etwa 30 Sekunden glatt pürieren.

ERDBEER-VANILLE-SMOOTHIE MIT ALOE VERA

Für ca. 900 ml

---

1 Aloe-vera-Blatt (ca. 100 g) .... 500 g Erdbeeren .... 2 Pfirsiche
1 Vanilleschote .... ca. 100 ml Wasser

Aloe vera dünn schälen und Fruchtfleisch grob zerteilen.
Erdbeeren waschen, putzen und halbieren. Pfirsiche waschen, halbieren und entsteinen.

Alle vorbereiteten Zutaten nacheinander mit der Vanilleschote in den Mixbehälter geben und Wasser zufügen. Etwa 30 Sekunden glatt pürieren.

ERDBEER-HOLUNDERBLÜTEN-SMOOTHIE

Für ca. 800 ml

---

250 g Erdbeeren .... 1 Orange .... 1 reifer Pfirsich
15 g Mandeln .... 3 EL Holunderblütensirup .... ca. 125 ml Wasser

---

Erdbeeren waschen und putzen. Orange schälen und vierteln. Pfirsich waschen, halbieren und entsteinen.

Alle vorbereiteten Zutaten mit Mandeln in den Mixbehälter geben. Holunderblütensirup und Wasser mischen und angießen. Etwa 30 Sekunden glatt pürieren.

ICY HIM-BA-DRINK

Für 4 Portionen

---

2 Bananen (à ca. 160 g) .... 200 g Himbeeren .... 30 g Cashewkerne
ca. 1 EL Agavendicksaft .... 400 ml Reismilch

Bananen schälen und in Scheiben schneiden. Himbeeren verlesen. Zusammen mit den Bananenscheiben mindestens 4 Stunden tiefkühlen.

Gefrorene Früchte mit Cashewkernen und Agavendicksaft in den Mixbehälter geben und Reismilch angießen. Etwa 1 Minute glatt pürieren, ggf. mit mehr Agavendicksaft abschmecken.

FROZEN BLUEBERRY YOGHURT

Für 4 Portionen

300 g Heidelbeeren .... 500 g Sojajoghurt
Saft und abgeriebene Schale von 1 Bio-Limette .... 4 EL Apfelsüße

Heidelbeeren verlesen, waschen, trocken tupfen und tiefkühlen. Gefrorene Beeren mit Joghurt und Limettensaft in den Mixbehälter geben und etwa 1 Minute glatt pürieren.

Limettenschale und Apfelsüße zufügen und nochmals kurz auf mittlerer Stufe mixen.

K3-SMOOTHIE (KIRSCHE-KAKAO-KOKOS)

Für ca. 500 ml

---

400 g Süß- oder Sauerkirschen (ersatzweise 300 g TK-Kirschen)
20 g leicht fermentierte rohe Kakaobohnen .... 150 ml Kokosmilch
1–2 EL Apfeldicksaft

Frische Kirschen waschen, putzen und entsteinen.
Alternativ TK-Kirschen auftauen lassen.

Kirschen mit Kakaobohnen und Kokosmilch in den Mixbehälter geben.
Apfeldicksaft zugeben und etwa 30 Sekunden glatt pürieren.

KALTER KARDAMOM-KAFFEE

Für ca. 800 ml

2 gehäufte TL gemahlener Kaffee oder Espresso
2 Orangen .... 2–3 Kardamomkapseln .... 2 EL Agavendicksaft

Aus dem Kaffee- oder Espressopulver 250 ml kräftigen Kaffee brühen.
Abkühlen lassen und in einem Eiswürfelbereiter tiefkühlen.

Orangen schälen und vierteln.
Mit Kardamom, Dicksaft und den Kaffee-Eiswürfeln in den Mixbehälter
geben und etwa 1 Minute schaumig pürieren.
Sofort servieren.

GEEISTER ALOE-DRINK MIT HIMBEEREN

Für ca. 650 ml

---

1 Aloe-vera-Blatt (ca. 50 g) .... 100 g Himbeeren
200 g Zuckermelone (z. B. Netzmelone) .... 150 ml Kokosnussdrink .... 6 Eiswürfel
einige Tropfen Rosenwasser oder -sirup

Aloe vera dünn schälen und Fruchtfleisch grob zerteilen. Himbeeren verlesen. Melone schälen, entkernen und grob würfeln.

Alle vorbereiteten Zutaten in den Mixbehälter geben. Kokosnussdrink, Eiswürfel und Rosenwasser bzw. -sirup zugeben und 30 Sekunden glatt pürieren. Evtl. nochmals auf höchster Stufe feiner pürieren, um die Himbeerkerne zu zerkleinern.

HERBST

GRÜNER PAK-CHOI-APFEL-SMOOTHIE

Für 750–850 ml

1 Pak Choi (ca. 220 g) .... 1 säuerlicher Apfel .... 1 Orange
1 Msp. gemahlener Kardamom .... 200 ml Apfelsaft oder Wasser
2 TL Weizengraspulver

Pak Choi putzen, waschen und abtropfen lassen, dann grob zerschneiden. Apfel waschen, vierteln, Stiel und Blütenansatz entfernen. Orange schälen und vierteln.

Alle vorbereiteten Zutaten nacheinander mit Kardamom in den Mixbehälter geben und Apfelsaft oder Wasser zufügen. Etwa 1 ½ Minuten glatt pürieren. Weizengraspulver zufügen und nochmals 5 Sekunden auf niedriger Stufe pürieren.

BRUNNENKRESSE-TOMATEN-SMOOTHIE MIT PFIRSICH

Für 1200–1500 ml

---

600 g Tomaten .... 2 Pfirsiche (à ca. 90 g) .... 100 g Brunnenkresse
1 Chilischote .... 25 g Cashewkerne
250–500 ml Apfelsaft oder Wasser .... Fleur de Sel

Tomaten waschen, halbieren und Blütenansätze entfernen. Pfirsiche waschen, halbieren und Steine entfernen. Brunnenkresse verlesen, waschen und abtropfen lassen. Chili waschen, nach Belieben entkernen.

Alle vorbereiteten Zutaten nacheinander mit Cashewkernen in den Mixbehälter geben und Apfelsaft oder Wasser zufügen. Etwa 1 ½ Minuten glatt pürieren. Mit Fleur de Sel abschmecken und nochmals 5 Sekunden auf niedriger Stufe pürieren.

WILDSALAT-SMOOTHIE MIT PARANÜSSEN

Für ca. 700 ml

---

100 g gemischte Wildsalate .... 2 Feigen .... 20 g blaue Weintrauben
40 g Paranusskerne .... ¼ Tonkabohne .... ca. 250 ml Wasser

---

Wildsalate verlesen und waschen. Feigen waschen, Stiele entfernen. Trauben waschen und von den Stielen zupfen. Alles mit Paranüssen und Tonkabohne in den Mixbehälter geben und Wasser angießen. Etwa 1 ½ Minuten pürieren.

WIRSING-MELONEN-SMOOTHIE MIT FENCHEL

Für ca. 500 ml

---

80 g Wirsing (helle Innenblätter) .... 400 g Honig- oder Netzmelone
40 g getrocknete Aprikosen .... 2 TL Fenchelsaat .... ca. 200 ml Wasser

---

Wirsing putzen, dicke Blattrippen und unteren Blattansatz entfernen. Blätter waschen und in den Mixbehälter geben. Melone schälen, entkernen und mit Aprikosen und Fenchelsaat zugeben. Wasser angießen und alles etwa 1 ½ Minuten glatt pürieren.

TIPP

Nicht die gröberen Außenblätter oder die Blattrippen des Wirsings mitverarbeiten, dann wird der Smoothie unangenehm scharf.

ORANGE LOVE

Für ca. 500 ml

---

150 g Karotten .... 250 g Papaya .... 50 g Physalis (Kapstachelbeeren)
300 ml frisch gepresster Orangensaft .... einige Spritzer Limettensaft

---

Karotten waschen und putzen. Papaya entkernen, schälen und grob würfeln. Physalis aus den Blättern lösen und waschen.

Alle vorbereiteten Zutaten in den Mixbehälter geben. Orangensaft angießen und etwa 1 Minute glatt pürieren. Mit etwas Limettensaft abschmecken.

GREEN STUDENT

Für ca. 550 ml

---

50 g Spinat .... 1 Apfel .... 1 Kiwi
10 g Gerstengras .... 40 g Studentenfutter .... ca. 200 ml Wasser

---

Spinat verlesen und waschen. Apfel waschen, vierteln, Stiel und Blütenansatz entfernen. Kiwi schälen, grob zerkleinern. Gerstengras waschen.

Alle vorbereiteten Zutaten in den Mixbehälter geben. Studentenfutter dazugeben, Wasser angießen und etwa 1 ½ Minuten glatt pürieren.

BANANEN-NEKTARINEN-SMOOTHIE MIT TRAUBEN

Für ca. 800 ml

---

1 große Banane .... 2 Nektarinen .... 250 g grüne Weintrauben
1–1 ½ TL Süßholzwurzelpulver .... ca. 100 ml Wasser

Banane schälen. Nektarinen waschen, halbieren und entsteinen. Trauben waschen und von den Stielen zupfen.

Alle vorbereiteten Zutaten nacheinander in den Mixbehälter geben und Süßholzwurzelpulver zufügen. Wasser angießen und etwa 30 Sekunden glatt pürieren.

MELONEN-MIRABELLEN-SMOOTHIE

Für ca. 1000 ml

---

200 g Mirabellen (ersatzweise gelbe Pflaumen) .... ¼ Honigmelone (ca. 400 g) .... 1 reife Birne
25 g Mandeln .... 2 EL Haferflocken .... ca. 250 ml Wasser

---

Mirabellen waschen, halbieren und entsteinen. Honigmelone schälen, entkernen und in grobe Stücke schneiden. Birne waschen, vierteln, Stiel und Blütenansatz entfernen.

Alle vorbereiteten Zutaten mit Mandeln und Haferflocken in den Mixbehälter geben. Wasser angießen und etwa 30 Sekunden glatt pürieren.

HEIDELBEER-GURKEN-SMOOTHIE MIT BIRNE

Für ca. 900 ml

---

1 Gurke (ca. 300 g) .... 250 g Heidelbeeren
2 reife Birnen .... 40 g Mandelmus .... ca. 100 ml Wasser

---

Gurke waschen und grob würfeln. Heidelbeeren verlesen, waschen und abtropfen lassen. Birnen waschen, vierteln, Stiel und Blütenansatz entfernen.

Alle vorbereiteten Zutaten nacheinander mit Mandelmus in den Mixbehälter geben und Wasser zufügen. Etwa 30 Sekunden glatt pürieren.

SELLERIE-APFEL-SMOOTHIE MIT MAJORAN

Für ca. 500 ml

---

1 Apfel .... ½ Banane .... 60 g Staudensellerie
10 g Selleriegrün .... 2 Stiele Majoran .... ca. 200 ml Wasser

---

Apfel waschen, vierteln, Stiel und Blütenansatz entfernen. Banane schälen. Sellerie putzen, waschen und in grobe Stücke schneiden. Selleriegrün waschen und abtropfen lassen.

Majoran waschen, abtropfen lassen, Blättchen von den Stielen zupfen. Alle vorbereiteten Zutaten nacheinander in den Mixbehälter geben. Wasser angießen und etwa 30 Sekunden glatt pürieren.

BROKKOLI-KOKOS-SMOOTHIE MIT MANGO

Für ca. 1300 ml

---

350 g Brokkoli .... 1 Mango (ca. 375 g) .... 1 Apfel
250 ml Kokosmilch .... 250–350 ml Wasser

Brokkoli putzen, waschen und grob zerteilen. Mango schälen, Fruchtfleisch vom Stein schneiden und grob zerteilen. Apfel waschen, vierteln, Stiel und Blütenansatz entfernen.

Alle vorbereiteten Zutaten mit Kokosmilch und Wasser in den Mixbehälter geben und etwa 1 ½ Minuten glatt pürieren.

BIRNEN-HASELNUSS-SMOOTHIE

Für ca. 500 ml

---

1 Birne .... 60 g Staudensellerie .... 25 g Feldsalat
4 Stiele Zitronenmelisse .... 15 g Haselnusskerne .... 2 TL Limettensaft
ca. 200 ml Wasser

Birne waschen, vierteln, Stiel und Blütenansatz entfernen. Sellerie putzen, waschen und in grobe Stücke schneiden. Feldsalat und Melisse waschen.

Alle vorbereiteten Zutaten mit den Haselnüssen in den Mixbehälter geben. Limettensaft und Wasser zugeben und etwa 1 ½ Minuten glatt pürieren.

PFLAUMEN-MARZIPAN-DRINK

Für ca. 700 ml

300 g Pflaumen oder Zwetschgen .... 40 g Mohn .... 60 g Marzipanrohmasse
300 ml Hafermilch

Pflaumen waschen, halbieren und entsteinen. Mit Mohn in den Mixbehälter geben und etwa 30 Sekunden pürieren. Marzipan zerzupfen und mit Hafermilch zugeben.

Etwa 30 Sekunden glatt pürieren. Bei Bedarf noch mal kurz auf höchster Stufe nachpürieren, um den Mohn feiner zu zerkleinern.

HEISSER SANDDORN-DRINK MIT ROOIBOSTEE

Für ca. 750 ml

---

2 Beutel Rooibostee .... 2 Orangen .... 1 Stück Ingwer (ca. 20 g)
50 g Sanddornmark (Glas) .... ca. 25 g Kandis

Teebeutel mit 400 ml kochendem Wasser überbrühen und 5 Minuten ziehen lassen.

Orangen schälen und vierteln. Ingwer schälen. Beides mit Sanddornmark und Kandis in den Mixbehälter geben und etwa 30 Sekunden glatt pürieren. Nach Belieben mit mehr Kandis süßen, dann nochmals auf höchster Stufe pürieren.

Teebeutel entfernen und Tee in den Mixbehälter gießen. Kurz auf höchster Stufe pürieren und sofort servieren.

WARMER HERBST-DRINK MIT BIRNE

Für ca. 800 ml

---

2 große Birnen .... 80 g Preiselbeeren (Glas)
1 Msp. gemahlener Piment .... 400 ml Haselnussdrink

Birnen waschen, vierteln, Blütenansatz und Stiel entfernen. Mit Preiselbeeren und Piment in den Mixbehälter geben und etwa 30 Sekunden glatt pürieren.

In der Zwischenzeit Haselnussdrink erhitzen. Heiß zum Smoothie in den Mixbehälter geben und kurz auf höchster Stufe pürieren. Sofort servieren

WINTER

ROSENKOHL-APRIKOSEN-SMOOTHIE MIT SAUERAMPFER

Für 800–1000 ml

---

150 g Rosenkohl .... 30 g Sauerampfer (ersatzweise Wild- oder Blattsalat)......... 1 säuerlicher Apfel
80 g getrocknete Aprikosen .... 1 kleines Stückchen Tonkabohne (3–4 mm) nach Belieben
600 ml Apfelsaft oder Wasser

Rosenkohl putzen, waschen und Köpfe halbieren. Sauerampfer verlesen, waschen, abtropfen lassen und grob zerkleinern. Apfel waschen, vierteln, Stiel und Blütenansatz entfernen.

Vorbereitete Zutaten nacheinander in den Mixbehälter geben, Aprikosen und evtl. Tonkabohne zufügen und Apfelsaft oder Wasser angießen. Etwa 1 ½ Minuten glatt pürieren.

HEIDELBEER-WIRSING-SMOOTHIE MIT INGWER

Für ca. 750 ml

---

90 g Wirsing (helle Innenblätter) .... 120 g Römersalat .... 1 großer säuerlicher Apfel .... 100 g Heidelbeeren
10 g Ingwer .... 30 g getrocknete Datteln ohne Stein .... 1 EL Leinsamen .... ca. 200 ml Wasser

---

Wirsing putzen, waschen, dicke Blattrippen und unteren Blattansatz entfernen. Salat putzen und waschen. Apfel waschen, vierteln, Blütenansatz und Stiel entfernen. Heidelbeeren waschen. Ingwer schälen.

Alle vorbereiteten Zutaten mit Datteln und Leinsamen in den Mixbehälter geben. Wasser angießen und etwa 1 ½ Minuten glatt pürieren.

TIPP

Wer TK-Beeren verwendet, kann diese auch gefroren zufügen und mitpürieren.

GRÜNKOHL-SMOOTHIE MIT ERDMANDELN

Für ca. 1000 ml

---

350 g Grünkohl .... ½ Honigmelone (450 g) .... 1 Banane .... 2 EL Erdmandelflocken
1 Vanilleschote .... 25 g getrocknete Datteln ohne Stein .... ca. 500 ml Wasser

---

Grünkohl putzen, dabei den harten Strunk herausschneiden. Anschließend gründlich waschen und abtropfen lassen. Melone schälen, entkernen und in grobe Stücke schneiden. Banane schälen. Erdmandeln auf mittlerer bis höchster Stufe etwa 30 Sekunden feiner mahlen.

Alle vorbereiteten Zutaten, Vanilleschote und Datteln nacheinander zu den Erdmandeln in den Mixbehälter geben. Wasser angießen und etwa 1 ½ Minuten glatt pürieren.

WINTER-MIX

Für ca. 700 ml

---

40 g Spinat .... 1 Chicorée .... 1 Grapefruit
30 g Walnusskerne .... 1 TL Tamarindenpaste (Asialaden) .... ca. 150 ml Wasser

---

Spinat verlesen und waschen. Chicorée putzen, den bitteren Strunk herausschneiden und Chicorée in grobe Stücke schneiden. Grapefruit schälen und grob würfeln.

Alle vorbereiteten Zutaten in den Mixbehälter geben. Walnusskerne, Tamarindenpaste und Wasser zufügen und etwa 1 ½ Minuten glatt pürieren.

PAPAYA-KOKOS-SMOOTHIE MIT PETERSILIE

Für ca. 500 ml

½ Papaya (ca. 225 g) .... ½ Banane .... 10 g Petersilie
330 ml Kokoswasser

Papaya entkernen, schälen und grob würfeln. Banane schälen. Petersilie waschen und abtropfen lassen. Alle Zutaten in den Mixbehälter geben, Kokoswasser angießen und etwa 30 Sekunden glatt pürieren.

KARIBIKTRAUM

Für ca. 700 ml

½ Ananas (ca. 500 g) .... 1 kleines Stück Muskatblüte (Macis)
2 Maracujas (à ca. 30 g) .... 125 ml Kokossahne .... 250 ml Ananassaft

Ananas schälen und grob zerschneiden. Mit Muskatblüte in den Mixbehälter geben. Maracujas halbieren, Inneres herauslöffeln und mit Kokossahne und Saft zugeben. Alles etwa 30 Sekunden glatt pürieren.

SMOOTHIE MIT FEIGEN

Für 1000–1200 ml

---

80 g Mungobohnensprossen .... ½ Chinakohl (ca. 280 g) .... 6 Feigen (ca. 160 g)
15 g Ingwer .... 400–600 ml Apfelsaft oder Wasser

Sprossen mit kochendem Wasser übergießen, 2 Minuten stehen lassen, abgießen und kalt abschrecken.

Chinakohl putzen, den harten Strunk herausschneiden. Kohl waschen, abtropfen lassen und grob zerkleinern. Feigen waschen, Stiele abschneiden. Ingwer schälen.

Alle vorbereiteten Zutaten nacheinander in den Mixbehälter geben. Apfelsaft oder Wasser angießen und etwa 1 ½ Minuten glatt pürieren.

CAROB-SMOOTHIE

Für 1000–1250 ml

150 g gemischte Blattsalate .... 2 Orangen .... 1 Banane
4 getrocknete Feigen (ca. 65 g) .... 2 EL Haferflocken
1 EL Carobpulver .... 350–600 ml Wasser

Salate verlesen, waschen und abtropfen lassen. Orangen und Banane schälen und grob würfeln.

Alle vorbereiteten Zutaten nacheinander in den Mixbehälter geben.
Feigen, Haferflocken und Carobpulver zugeben.

Wasser angießen und etwa 1 ½ Minuten glatt pürieren.

EXOTIC SMOOTHIE

Für ca. 1200 ml

---

1 große Banane .... 1 kleine Papaya (ca. 300 g)
1 Mango (ca. 450 g) .... ¼ Ananas (ca. 350 g) .... 3 Stiele Zitronenmelisse
2 TL Acaipulver .... ca. 250 ml Wasser

Banane, Papaya und Mango schälen. Papaya entkernen und grob würfeln, Mangofruchtfleisch vom Stein schneiden. Ananas schälen und grob zerschneiden. Melisse waschen und abtropfen lassen.

Alle vorbereiteten Zutaten nacheinander mit Acaipulver in den Mixbehälter geben und Wasser zufügen. Etwa 30 Sekunden glatt pürieren.

ROTE-BETE-SMOOTHIE MIT HASELNÜSSEN

Für ca. 900 ml

---

350 g Rote Bete .... 1 Apfel .... 6 getrocknete Soft-Aprikosen
30 g Haselnusskerne .... 300 ml Apfelsaft oder Wasser

Rote Bete waschen, schälen und grob zerteilen. Apfel waschen, vierteln, Stiel und Blütenansatz entfernen.

Alle vorbereiteten Zutaten nacheinander mit Aprikosen und Nüssen in den Mixbehälter geben und Saft oder Wasser zufügen. Etwa 30 Sekunden glatt pürieren.

VIOLET VELVET

Für ca. 800 ml

175 g Rotkohl .... 2 Orangen .... 1 Birne
½–1 Sternanis .... ca. 300 ml Wasser

Rotkohl putzen, waschen und den harten Strunk herausschneiden. Kohl in grobe Stücke schneiden. Orangen schälen, ebenfalls grob zerkleinern. Birne waschen, vierteln, Stiel und Blütenansatz entfernen.

Alle vorbereiteten Zutaten mit Sternanis in den Mixbehälter geben. Wasser angießen und etwa 1 ½ Minuten glatt pürieren.

APFEL-BIRNEN-SMOOTHIE MIT RUMROSINEN

Für ca. 700 ml

1 große reife Birne .... 1 großer säuerlicher Apfel .... 40 g Rumrosinen
¼ TL gemahlener Zimt .... 250 ml Apfelsaft .... 1–2 TL Ahornsirup nach Belieben

Birne und Apfel waschen, vierteln, Blütenansatz und Stiel entfernen. Mit Rosinen und Zimt in den Mixbehälter geben. Apfelsaft angießen. Etwa 30 Sekunden glatt pürieren. Nach Belieben mit Ahornsirup abschmecken, dann nochmals kurz durchpürieren.

MANDEL-ZIMT-TEE

Für ca. 650 ml

---

25 g Mandeln .... 200 ml Wasser .... 2 getrocknete Feigen
½ Zimtstange .... 400 ml frisch aufgebrühter, starker schwarzer Tee (z. B. Assam)
evtl. Ahornsirup

Mandeln, Wasser, Feigen und Zimtstange in den Mixbehälter geben und etwa 2 Minuten auf höchster Stufe pürieren. Heißen Tee zufügen und kurz auf kleiner Stufe unterrühren.

Nach Belieben mit Ahornsirup süßen und sofort servieren.

HOT-COLD CHOC-MOC

Für 4 Gläser

---

15 g leicht fermentierte rohe Kakaobohnen .... 50 g getrocknete Datteln ohne Stein
200 ml Sojamilch .... 600 ml heißer, frisch aufgebrühter Kaffee
nach Belieben Agavendicksaft

Kakaobohnen, Datteln und Sojamilch in den Mixbehälter geben und etwa 30 Sekunden glatt pürieren. Masse in eine Metallschüssel geben und zugedeckt mindestens 4 Stunden gefrieren.

Kaffee auf vier Gläser verteilen. Jeweils eine Kugel Schoko-Dattel-Eis hineingeben, nach Belieben mit Agavendicksaft süßen und sofort servieren.

VARIANTE: ICED CHOC-MOC

Kaffee vollständig abkühlen lassen und mit dem Eis in den Mixbehälter geben. Bei mittlerer Stufe ca. 5 Sekunden zu einem cremigen Kaltgetränk pürieren. Nach Belieben mit Agavendicksaft süßen.

MANGO-CHAI-SMOOTHIE

Für ca. 500 ml

---

2 Beutel Chaitee .... ½ reife Mango (ca. 250 g)

30 g Cashewmus (Glas) .... 1–2 TL Agavendicksaft nach Belieben

---

Chaitee mit 350 ml kochendem Wasser überbrühen und ca. 8 Minuten ziehen lassen. Beutel gut ausdrücken und entfernen. Tee abkühlen lassen, dann kalt stellen.

Mango schälen und Fruchtfleisch vom Stein schneiden. Mit Chaitee und Cashewmus in den Mixbehälter geben und etwa 30 Sekunden glatt pürieren. Nach Belieben mit etwas Dicksaft süßen, dann nochmals kurz auf höchster Stufe pürieren.

REGISTER

REGISTER

Maren Jahnke, Foodstylistin, Rezeptentwicklerin und Autorin, und **Karen Schulz,** Foodjournalistin, Rezeptentwicklerin und Autorin, beschäftigen sich gemeinsam und separat seit etwa 20 Jahren mit den Themen Kochen und Backen. Für ihr viertes gemeinsames Buch haben sich die Hamburgerinnen dem Thema Mixen gewidmet und aufregend neue Smoothies entwickelt.

IMPRESSUM

Emil-Hoffmann-Straße 1
D-50996 Köln

Rezepte: Maren Jahnke und Karen Schulz, Hamburg
Texte: Karen Schulz, Hamburg
Fotografie: Wolfgang Kowall, Hamburg
Foodstyling: Maren Jahnke, Hamburg
Styling: Günther Meierdierkes, Hamburg
Redaktion und Lektorat: Ilka Grunenberg
Umschlaggestaltung: Lichten, Kommunikation und Gestaltung, Hamburg
Satz: Tatjana Beimler, Flomborn
Gesamtherstellung: Fackelträger Verlag GmbH, Köln

Wir danken der Firma Bianco für ihre freundliche Unterstützung.

ISBN: 978-3-7716-4641-7
Printed in Poland

www.fackeltraeger-verlag.de